Colas Gutman

Der Stinkehund
in der Schule

Mit Illustrationen von Marc Boutavant

Aus dem Französischen
von Julia Süßbrich

Außerdem bei WooW Books erschienen:

Der Stinkehund (Band 1)

Der Stinkehund am Strand (Band 2)

Frohe Weihnachten, Stinkehund! (Band 3)

Der Stinkehund auf dem Bauernhof (Band 5)

Deutsche Erstausgabe
1. Auflage 2020
© Atrium Verlag AG, Imprint WooW Books, Zürich 2020
Alle Rechte vorbehalten
Aus dem Französischen von Julia Süßbrich
© Französische Originalausgabe: l'école des loisirs, Paris 2014
Originaltitel: *Chien pourri à l'école*
Text: Colas Gutman
Cover und Illustrationen: Marc Boutavant
Satz: Sabine Conrad, Bad Nauheim
Druck und Bindung: Livonia Print, Riga, Lettland
ISBN 978-3-96177-035-9

www.woow-books.de
www.instagram.com/woowbooks_verlag

Für die Schule, die für alle da ist

Erster Schultag

Seit seiner Geburt hat Stinkehund in seiner Mülltonne 157 verdorbene Würstchen gefressen, dreieinhalb Liter Chlor-Reiniger getrunken und sich einmal sogar fast mit Rattengift vergiftet. Und das nur, weil er keine Etiketten lesen kann! Aber damit ist nun Schluss! Stinkehund geht in die Schule. Er verkündet seinem treuen platten Freund die große Neuigkeit:

»Platti, heute lerne ich Lesen!«

»Was erzählst du da, Stinkehund?«

»Ich habe gerade die Erlaubnis erhalten, für einen Probetag die Königliche Hundeschule zu besuchen.«

»Wer hat dich dazu eingeladen?«

»Es gab eine Verlosung unter den streunenden Hunden hier aus dem Viertel. Und ich habe gewonnen. Platti, die Zeiten ändern sich, ich werde jetzt ein gelehrter Hund! Hoffentlich ist die Lehrerin nett und das Essen gut.«

»Freu dich nicht zu früh, Stinkehund. Du gehst ja nicht in die Schule, um Leckerlis zu futtern.«

Aber nichts kann die Begeisterung dieses Tieres mit dem unschönen Fell bremsen.

Dann bekomme ich ein Federmäppchen und vielleicht sogar einen Radiergummi, denkt Stinkehund.

Doch plötzlich ist er so sauer wie ein schlecht gewordener Joghurt:

»He, Platti! Wie furchtbar, ich habe gar keinen Ranzen!«

»Hier, nimm den Müllsack, der ist fast leer.«

»Danke, Platti. Bringst du mich zur Schule?«

»In Ordnung. Aber nur, wenn du mir heute Abend eine Geschichte vorliest.«

»Einverstanden, Platti.«

Mit seinem Plastiksack auf dem Rücken und einer Konservendose auf dem Kopf läuft Stinkehund los.

Sein Freund gibt ihm ein paar letzte Tipps:

»Heb die Pfote, wenn du etwas sagen willst, Stinkehund. Und hör der Lehrerin gut zu.«

»Ich hab Angst, Platti.«

»Wovor, Stinkehund?«

»Vor der Pause. Ich hab Angst, dass ich mich beim Versteckenspielen selbst nicht mehr wiederfinde.«

»Du denkst ja wieder nur ans Spielen, Stinkehund! Die Schule ist zum Lernen da.«

Nachdem er drei Mülleimer umgerannt und an vier Straßenlaternen gepinkelt hat, kommt Stinkehund zusammen mit Platti bei der Schule an.

»Platti, die anderen Hunde haben feine

Regensachen und goldene Leinen! Ich
bin hier der einzige Stinkehund.«

»Mach unserer Mülltonne alle Ehre,
Stinkehund. Wenn die Schule aus ist, hole

ich dich ab und bringe dir ein paar Schokobrötchenkrümel mit. Halt die Ohren steif und sei brav.«

Stinkehund betritt den Schulhof. Ein Dackel im Mäntelchen und ein frisierter Pudel laufen ihm über den Weg.

»Euch kenn ich doch, Freunde!«, ruft Stinkehund.

»Ganz sicher nicht, du Zottel. Wir leben in einer anderen Welt«, antwortet der Dackel im Mäntelchen.

»Genau, du gehörst nicht zu uns, dazu bist du viel zu ungepflegt!«, fügt der frisierte Pudel hinzu.

Na, das geht ja gut los, denkt sich Stinkehund. *Aber es ist nicht schlimm, ich werde diese kleinen Angeber einfach nicht beachten.*

»Stellt euch in Zweierreihen auf!«, ruft die Lehrerin.

Doch niemand will an Stinkehunds Seite kommen.

Vor lauter Traurigkeit holt er zum Trost eine alte Bananenschale aus seinem Müllsack.

»Kuschelsachen sind hier verboten«, sagt die Lehrerin.

So bleibt Stinkehund nichts anderes übrig, als unter den spöttischen Blicken der anderen Hunde an der Pfote zu lutschen.

Doch auch im Leben eines Stinkehunds gibt es schöne Momente. Ein junger Labrador mit seidigem Fell sagt zu ihm:

»Ich mag Kinder, also kann ich auch Zottelhunde mögen. Komm an meine Seite.«

»Danke, Kumpel!«, antwortet Stinkehund.

Ich setze mich ganz vorne hin, damit ich der Lehrerin besonders gut zuhören kann, denkt er, als er in das Klassenzimmer hineingeht.

Leider besetzen eine ordentlich gekämmte Bulldogge, ein fein angezogener Langhaardackel und ein unausgeschlafener Bernhardiner gleich die vordersten Plätze.

Was soll's, sagt sich Stinkehund, *dann setz ich mich eben nah an die Heizung.*

Ihm ist warm. Sogar so warm, dass ihm der Plastiksack auf dem Rücken schmilzt und er einschläft, ganz tief und fest.

Bestimmungsunterricht

»Stinkehund, an die Tafel!«, ruft die Lehrerin.

Stinkehund zuckt zusammen. *Ist es schon Morgen?*, fragt er sich. *Ach ja, stimmt, ich bin in der Schule. Was für ein Glück, die Lehrerin hat mich bemerkt. Vielleicht möchte sie mir ein Leckerli anbieten, damit der Tag gut anfängt?*

Doch die Lehrerin hat etwas ganz anderes mit ihm vor.

»Heute lernt ihr, wie man Flöhe und Läuse erkennt – und andere Wesen, mit denen man keinen Umgang pflegen sollte.«

Ui, da kriege ich aber Angst, denkt Stinkehund und geht zum Pult.

»Habt ihr jemals in eurem Leben einen zotteligen, räudigen Hund gesehen?«, fragt die Lehrerin.

»Mit solchen Gestalten haben wir nichts zu tun«, sagt der frisierte Pudel.

»Wir halten uns nicht in Vierteln auf, die einen schlechten Ruf haben«, erklärt der kleine Dackel.

»Und du, Stinkehund, kennst du welche?«, fragt die Lehrerin.

»Könnten Sie die Frage wiederholen?«

»Ich meine: Stinkehund, kennst du Stinkehunde?«

Wenn ich jetzt »Ja« sage und das die

falsche Antwort ist, dann setzt sie mir die Eselskappe auf und stellt mich in die Ecke[1], denkt Stinkehund.

Also antwortet er: »Nein, diese Hunderasse kenne ich nicht.«

Alle lachen.

1 Früher wurden Schüler manchmal damit bestraft, dass sie eine Kappe mit Eselsohren aufsetzen oder sich in die Ecke des Klassenzimmers stellen mussten.

Aha, das war wohl die richtige Antwort, denkt Stinkehund erleichtert.

»Schaut euch dieses Fell und diesen verdutzten Blick an, und riecht den ekelhaften Gestank. Kinder, kommt näher! Das hier ist ein Hund aus der Gosse.«

»Frau Lehrerin, ich kann den Hund nicht sehen«, sagt Stinkehund.

»Dackel, bring mir einen Spiegel«, befiehlt die Lehrerin.

Stinkehund mustert sich im Spiegel und bewundert das Stück Sardine, das ihn an der Schnauze kitzelt.

»Bekomme ich eine gute Note?«, fragt Stinkehund, während er die Pfote hebt.

»Mein Gott, ist dieser Hund dumm«, seufzt die Lehrerin. »Und jetzt, Kinder, beschreibt mir mal, was ihr seht.«

»Einen Fußabtreter!«, schreit der Bernhardiner.

»Einen Wischlappen!«, kreischt der Pudel.

»Eine Badezimmermatte«, sagt ein Cockerspaniel.

»Einen armen Hund«, murmelt der Labrador.

»Wer hat es gewagt, das zu sagen?«, fragt die Lehrerin.

»Das war ich«, sagt der Labrador. »Es ist

ungerecht, Stinkehund zu ärgern. Meine Mama hat mir beigebracht, dass man sich nicht über andere Hunde lustig machen soll, auch nicht über die allerekeligsten.«

»Ach, du bist doch wirklich ein Labrador, ein Freund der Schwachen und der Kinder! Die Welt ist aber grausam, und man muss genau aufpassen, mit wem man sich umgibt. Das solltest du wissen, wenn du nicht als ausgesetzter Hund enden willst. Bring mir dein Heft.«

Der Labrador geht zum Pult und reicht der Lehrerin sein Heft.

»Du schreibst hundert Mal: ›Ich darf in der Klasse nicht einfach drauflosreden.‹ Und weil du ja noch gar nicht schreiben kannst, bittest du deine Mama, das für dich zu tun.«

»Gut gemacht!«, sagt Stinkehund zum Labrador. Und der Lehrerin verspricht er: »Wenn dieses Wesen Ihnen Ärger bereitet, werde ich mich darum kümmern.«

Der arme Stinkehund versteht wirklich nie auch nur irgendetwas. Er geht zu seinem Platz zurück und bleibt mit der Stirn an einem Klebestift hängen.

Hundepause

Ich würde so gerne Völkerball spielen, denkt Stinkehund.

Freudig läuft er auf seine Schulkameraden zu. Da stoppt ihn die Bulldogge:

»Hast du nicht gehört, was die Lehrerin gesagt hat? Zottelhunde dürfen bei uns nicht mitspielen.«

»Keine Angst, wenn ich einen sehe, verjage ich ihn mit meiner Bananenschale«, antwortet Stinkehund.

»Er meint doch dich, du Banane!«, sagt der Pudel.

»Verzieh dich in deine Mülltonne! Du beschmutzt unsere Schule«, sagt der Dackel.

Dieses Mal versteht Stinkehund, dass er nicht willkommen ist.

Wie traurig, sie werden mich aus der Schule werfen. Was wird Platti dazu sagen? Niemals werde ich ihm die schmutzi-

gen Papierchen in unserer Mülltonne vorlesen können, oder Gutenachtgeschichten.

Trübe Gedanken gehen ihm durch den Kopf: *Ich bin ein Spitzer ohne Bleistift, eine Tafel ohne Schule, ein Umschlag ohne Heft.*

Er weint, und das macht die Sache auch nicht besser. Ein Pitbull kommt auf ihn zu und lacht ihn aus:

»Uäh, was für ein Mädchen, uäh, was für eine Heulsuse!«

Stinkehund läuft weg und versteckt sich auf der Toilette.

Zum Glück ist im Leben eines Stinkehundes aber nicht immer alles stinkedoof.

»Mach dir nichts draus«, sagt der Labrador mit dem samtigen Fell. »Dieser Hund ist blöd. Und insgeheim beneiden die dich alle nur.«

»Mich?«, fragt Stinkehund. »Aber ich habe doch weder ein Mäppchen noch einen Radiergummi oder einen Spitzer.«

»Mag sein. Aber du hast ein großes Herz, mein Freund.«

Da erinnert sich Stinkehund an den Tag, an dem er eine Dose Hundifresschen mit Platti geteilt hat, und an jenen, an dem er einem kleinen Mädchen geholfen hat, seine Mutter wiederzufinden.

»Möchtest du mit mir Gummitwist spielen? Ich habe eine alte Schnur gefunden«, sagt Stinkehund.

»Ja klar!«, antwortet der Labrador.

Und so hat Stinkehund doch noch Spaß. Er hüpft und springt wie die Flöhe, die er auf dem Kopf hat.

Da wird Platti neidisch sein, denkt er.

Und während er singt, »eins, zwei, drei: Auf zur Müllhalde … vier, fünf, sechs:

Würstchen essen … sieben, acht, neun: die verdorben sind … zehn, elf, zwölf: Dann werden wir krank«, kommt der Pudel und unterbricht ihn.

»Du, Hungerleider, uns fehlt noch jemand zum Fußballspielen, hast du Lust?«

»Au ja!«, ruft Stinkehund. »Oh, du große Freude, davon träume ich doch schon ewig!«

»Dann bist du der Ball«, sagt der Pudel und lacht hämisch.

»Das könnt ihr ihm nicht antun!«, schimpft der Labrador.

»Ach nein? Sag mal, du Schleimer, willst du nicht vielleicht mal eine Runde mit mir drehen?«, fragt der Pitbull.

»Wohin?«

»Das wirst du schon sehen.«

»Geh ruhig, Labrador!«, sagt Stinkehund. »Überraschungen sind doch etwas Großartiges. Ich mach mich solange schon mal warm.«

Kaum ist Stinkehund weg, sperrt der Pitbull den Labrador auf dem Schulklo ein.

»Das passiert eben mit Freunden von Zottelhunden!«, bellt der Pitbull.

Währenddessen wartet Stinkehund ganz ungeduldig. Er will endlich der Fußball sein!

Seltsam, der Labrador ist gar nicht wiedergekommen, denkt er. *Das ist aber nicht lustig, ich habe doch jetzt keine Zeit, Verstecken zu spielen.*

»Ohne deinen Kumpel kommst du dir wohl nicht so toll vor«, foppt ihn der Dackel im Mäntelchen.

»Wir wollen dich hier nicht! Du be-

schmutzt unsere Schule«, fügt der Bernhardiner hinzu.

»Von wem redet ihr denn?«, fragt
Stinkehund.

»Von dir, du Flohsack! Du bist eine
Schande für uns.«

»Was denn jetzt, bin ich nun der Ball
oder nicht?«

»Nein, du doofer Köter.«

Also kramt Stinkehund einen abgenagten Knochen aus seinem Schulmüllsack hervor, um sich zu trösten. Er vermisst seinen Freund, den Labrador, und irrt ganz allein über den Hof, von Bank zu Bank und von Baum zu Baum.

Vielleicht ist die Schule doch nicht für mich gemacht, sagt er sich. *Oder ich bin nicht für die Schule gemacht. Aber ich möchte so gern, dass Platti stolz auf mich ist.*

Als es zum Ende der Pause klingelt, ist Stinkehund entschlossener denn je, Lesen und Rechnen zu lernen.

Rechenstunde

»Wie viele Flöhe hat dieser Zottelhund?«, fragt die Lehrerin.

»Dreiundzwanzig!«, zählt der kleine Dackel. »Ach nein, zweiundzwanzig! Da war eine Zecke dabei, die hatte ich verwechselt.«

»Sehr gut«, sagt die Lehrerin.

»Und du, Stinkehund, in wie viele Mülleimer hast du deine Nase heute früh gesteckt?«

Stinkehund konzentriert sich:

(In den einen, in dem ich einen angebissenen Apfel gefunden habe)

+

(in den anderen, in dem ich Sprudel ohne Kohlensäure getrunken habe)

−

(den, den ich auf den Kopf bekommen habe)

= ?

Wenn Platti doch nur da wäre, dann könnte ich das an seinen Schnurrhaaren abzählen.

»Und?«, fragt die Lehrerin.

»Fünfzehn oder vier?«, überlegt Stinkehund.

»Mein Gott«, sagt die Lehrerin erschüttert.

Plötzlich fällt ihr auf, dass der Labrador verschwunden ist.

Auf der Tafel steht: »Heute Reche...«

»Wo ist denn dieser kleine Frechdachs, dieser Labrador, der Freund aller Kinder und Zottelhunde?«

»Der ist zur Schulkrankenschwester gegangen, einen Zuckerwürfel holen«, lügt der Pitbull.

»Na schön, dann kann ihm ja irgendjemand sagen, was wir durchgenommen haben.«

»Das mache ich!«, verspricht Stinke-hund.

Aber er passt nicht gut auf, dazu ist er zu hungrig.

Hoffentlich gibt es in der Mensa Würst-chen und Pommes, denkt er.

Er hat sogar so einen Hunger, dass er nicht mitbekommt, wie die Lehrerin sagt: »Alle, die in der Mensa essen wollen, he-ben jetzt bitte mal die Pfote!«

Die Mensa

Stinkehund steht ratlos auf dem Schulhof.

Ich weiß gar nicht, wo die Mensa ist. Eigentlich habe ich so etwas ja noch nie gesehen, stellt er fest.

Er beschließt, dem Duft von Pommes und Leckerlis zu folgen, der ihn in der Schnauze kitzelt.

Ich bringe Platti zwei Pommes frites mit, denkt er.

Eingeschüchtert geht er auf einen Aufpasser zu, der den Eingang überwacht.

»Gibt es hier eine Schlange zum Anstellen?«, fragt Stinkehund.

»Du kannst dir gerne irgendwo eine Schlange zum Fressen suchen! Denn du hast eben vergessen, die Pfote zu heben, und ohne Pfote keine Pommes!«, lacht der Aufpasser hämisch.

Stinkehund gibt auf. *Ich bin ein Würstchen ohne Ketchup, ein Faden ohne Bohne, ein Hund ohne Halsband*, denkt er. Und dann geht er traurig auf den Ausgang zu.

Ich laufe einfach dem Dalmatiner nach. Vielleicht teilt er einen Knochen mit mir?

»Hör auf, mir nachzulaufen!«, schimpft das gefleckte Tier. »Ich werde jetzt von meiner Mama am Ausgang abgeholt.«

»Ich habe auch eine Mama«, sagt Stinkehund.

»Ja klar, du Schmuddelköter.«

Der arme Stinkehund tut so, als ob er vor dem Tor auf seine Mama warten würde. Da entdeckt er plötzlich Platti.

»Ach, mein lieber Freund! Was machst du denn hier?«

»Ich hatte Angst, dir könnte kalt sein, also habe ich dir eine Mütze aus dem Rinnstein mitgebracht.«

»Danke, du wärmst mein Herz, Platti.«

»Wie ist es denn in der Schule?«

»Super. Ich habe einen Freund gefunden, der gerade im Krankenzimmer ist. Die Lehrerin ist streng, aber gerecht. Ich glaube, sie mag mich. Sie hat mich gar nicht getreten!«

»Das freut mich für dich. Heute Abend kannst du mir dann ein altes Buch vorlesen, das ich auf einer Bank gefunden habe. Und zum Einschlafen zählen wir Leckerlis.«

»Ich werde dich nicht enttäuschen, Platti. Bis heute Abend!«, sagt Stinkehund und läuft zurück in Richtung Mensa.

Ich halte nicht den ganzen Tag durch, ohne etwas zu essen, denkt Stinkehund mit knurrendem Magen.

Er schleicht um den Aufpasser herum und wirft ihm seinen berühmten Stinkehundeblick zu.

»Na gut, geh rein, du Wischlappen. Du

kannst ja den Putzfrauen helfen, den Boden sauber zu machen.«

Stinkehund setzt sich neben die Bulldogge.

»Ich tausche eine Fritte von mir gegen zehn von dir!«, sagt der große Wachhund.

Guter Tausch, klasse! Er will kameradschaftlich teilen, das ist ja eine tolle Idee!, denkt Stinkehund. *Aber was ist denn jetzt los? Ich sehe gar nichts mehr. He! Irgendein Spaßvogel hat mir Apfelmus aufs Auge geklatscht.*

Nachdem er vier Enden altbackenes Brot verschlungen und einen Krug Wasser auf den Kopf bekommen hat, geht Stinkehund satt in die Klasse zurück.

Wortkunde

»Wer frisst Haselnüsse und klettert auf Bäume?«, fragt die Lehrerin.

»Tauben?«, rätselt Stinkehund.

»Das Eichhörnchen«, verbessert sie ihn verärgert.

Aber dieses Tier kennt Stinkehund nicht, so eins hat er noch nie in seiner Mülltonne gesehen.

Die Lehrerin fragt: »Stinkehund, was hat einen langen Hals und kleine Ohren?«

»Sie, Frau Lehrerin?«

»Frechdachs! Du sagst hundert Mal auf: ›Ich darf zu meiner Lehrerin nicht frech sein.‹«

»Aber Sie haben doch einen langen Hals und kleine Ohren«, sagt Stinkehund.

»Und jetzt macht er auch noch weiter! Na gut, lasst uns zum nächsten Thema übergehen: Was ist dreckig, abgewetzt und ekelhaft?«

»Ich?«, rät Stinkehund.

»Bravo! Ich erkenne Fortschritte, zur Belohnung kannst du die Fettreste vom Mittagessen haben«, lacht die Lehrerin böse.

Stinkehund ist entzückt über diese Neuigkeit. Er denkt an die Belohnungen, die er bisher schon in seinem Leben erhalten hat. Er überlegt, aber ihm fällt fast nichts ein. Ganz gerührt ist er. Er reibt sich an

der Lehrerin, um seine Belohnung einzu-
fordern, aber alles, was er bekommt, ist
ein Klaps hinter die Ohren.

»Das ist ein typisches Beispiel für
schlechte Manieren!«, sagt die Lehrerin.
»Weiter zum nächsten Thema.«

Benimmunterricht

»Gutes Benehmen werdet ihr zu Hause bei euren Herrchen und Frauchen brauchen!«

Komisch, ich dachte, nur in der Schule wäre gutes Benehmen wichtig …, wundert sich Stinkehund.

»Also, wer kann schön Männchen machen?«

Der frisierte Pudel und ein Chihuahua tänzeln um die Wette auf ihren Tischen, während Stinkehund sich mit einem Radiergummi das Fell glatt streicht.

»Wer kann am Tisch sitzen, ohne die Ellbogen aufzustützen?«

Die Bulldogge ist darin richtig schlecht.

Und Stinkehund verwechselt dabei seine Ellbogen mit seinen Knien, sein Schienbein mit seinem Kopf und seinen Kopf mit seinem Schwanz.

»Wer kann sich verbeugen?«

Das beherrscht der Dackel ganz königlich.

Stinkehund hingegen fällt um und landet platt wie ein Pfannkuchen auf dem Boden vor dem Pult.

Armer Stinkehund, er bekommt einfach nichts auf die Reihe.

»So. Damit ihr gelehrte Hunde werdet, geht es jetzt mit Lesen und Schreiben weiter!«

Stinkehund zittert vor Aufregung, steckt sich zwei Stifte in die Ohren und einen Zirkel auf die Nase, damit er auch ja gut aufpassen kann.

Unterricht für Schlaue

»Ich kann weder lesen noch schreiben«,
sagt Stinkehund zu seinem Sitznachbarn,
einem traurigen Cockerspaniel.

»Wer kann schon lesen?«, fragt die
Lehrerin.

»Ich kenne alle Buchstaben«, sagt der kleine Dackel.

»Und ich alle Locken«, sagt der frisierte Pudel.

»Ich erkenne das Wort *Leckerlis*«, sagt die Bulldogge.

»Und der Labrador, was weiß der Labrador? Nanu, ist er noch gar nicht aus dem Krankenzimmer zurückgekommen?«, fragt die Lehrerin.

»Er ist mein Freund«, sagt Stinkehund.

»Wartet hier auf mich. Stinkehund, du passt auf die Klasse auf! Den Ersten, der sich bewegt, beißt du, damit er die Tollwut von dir bekommt.«

Stinkehund setzt sich ans Pult der Lehrerin.

Wenn Platti mich sehen könnte! Der könnte es gar nicht fassen, denkt er.

Und während er mit Stiften, Radier-

gummis und Scheren beworfen wird, träumt er von dem Tag, an dem er Platti Geschichten vorlesen können wird.

Aber manchmal passieren im Leben eines Stinkehunds furchtbare Dinge.

Die Lehrerin kommt weinend zurück und sagt: »Der Labrador ist weg! Ich hätte ihn anleinen sollen, es ist mein Fehler! Mein Fehler! Jetzt sorgt sein Frauchen bestimmt dafür, dass ich von der Schule fliege!«

Ach, Lehrerinnen können fliegen? Und das ist schlimm?, wundert sich Stinkehund.

Also ergreift er die Chance seines Lebens:

»Frau Lehrerin! Frau Lehrerin, wenn ich ihn zurückbringe, geben Sie mir dann eine gute Note?«

»Ja schon, aber ich kann mir kaum vorstellen, dass du dummer Hund das hinbekommst.«

Was sie nicht weiß: Stinkehund kann so gut wie kein anderer Schätze in Mülltonnen finden, Schmuckstücke aus dem

Rinnstein fischen und Hundifresschen-
Dosen in der Kanalisation aufstöbern.
Also hört Stinkehund nun einfach auf
seinen Instinkt. Er stürzt sich in die Gän-

ge der Schule, um seinen Freund zu suchen.

Ich mache an jede Tür ein bisschen Pipi, damit ich hinterher noch weiß, an welcher ich schon war, beschließt er.

Nachdem er eine Stunde lang von Tür zu Tür gezogen ist, denkt er endlich auch daran, auf dem Klo nachzusehen. Dort findet er den gefesselten und geknebelten Labrador.

»Mein Freund!«, ruft Stinkehund. »Du bist mir vielleicht ein toller Kumpel! Hast du dich am Klo festgebunden, damit es nicht wegfliegt? Hängst du so sehr an ihm? Einmal hat eine nette Dame eine Kloschüssel in unsere Mülltonne geworfen, aber du brauchst dir keine Sorgen zu machen: Dieses Klo hier gehört der Schule, ich glaube, das kommt nicht weg. Antwortest du mir gar nicht? Ach ja, ich muss dir noch das Klebeband von der Schnauze abmachen.«

Sobald der Labrador befreit ist, schreit er: »Du verstehst aber auch gar nichts, Stinkehund! Das hier ist keine Schule für uns!«

»Warum bleibst du dann hier?«

»Ich habe einem kleinen Jungen versprochen, ihm bei den Hausaufgaben zu helfen.«

»Und ich habe Platti versprochen, ihm Geschichten vorzulesen.«

»Stinkehund, glaubst du wirklich, du kannst Lesen lernen?«

»Ja.«

»Woow. Du bist wirklich so ein lieber Hund, du hättest ein Frauchen verdient!«

»Zum Lesenlernen?«

Stinkehund begleitet den Labrador zurück in die Klasse.

Die Lehrerin ruft: »Da seid ihr ja endlich. Bravo, Stinkehund! Und du, Labrador, wo warst du?«

»Auf der Toilette, Frau Lehrerin.«

Der gute Labrador will niemanden verpetzen, aber die Lehrerin, die auch Augen am Hinterkopf hat, sieht, wie der Pitbull sich unter einem Tisch versteckt.

»Du Fiesling hast also deinen Klassenkameraden eingeschlossen? Hiermit fliegst du von der Schule. Du kannst froh sein, dass ich nicht das Tierheim verständige. Und du, Stinkehund, möchtest du zur Belohnung lieber eine gute Note oder ein paar Innereien?«

»Nichts von beidem. Ich möchte, dass der Unterricht weitergeht, damit ich Lesen lerne!«, antwortet Stinkehund.

Und während der Pudel und der Dackel ihre Mäppchen wegräumen und der Pitbull jämmerlich davonschleicht, lernt Stinkehund, seinen Namen zu lesen.

Hausaufgaben

Als die Schule aus ist, laufen die Hunde zu ihren Herrchen und Frauchen und Stinkehund zu Platti. Aber erst, nachdem er sich von seinem Freund, dem Labrador, verabschiedet hat.

Der Labrador ist schon auf dem Weg zu einem kleinen Jungen, dem er ein Gedicht aufsagen möchte:

Allein und ohne Leckerlis
verbring ich einen schrecklichen Tag,

doch Stinkehund, der Held mit Herz,
mich zu befreien vermag.

Wie versprochen, wartet Platti mit ein paar Schokobrötchenkrümeln auf Stinkehund. Er hat sogar noch einen Rest von einem Lolli vom Boden aufgesammelt.

»Warst du brav und fleißig?«, fragt Platti.

»Ja, ich kann jetzt Giraffen und Eichhörnchen zählen. Aber ich weiß noch nicht genau, was das für Tiere sind.«

»Aber hast du denn auch Lesen gelernt?«

»Ein bisschen«, sagt Stinkehund.

»Ich liege dir zu Füßen«, sagt Platti.

Die beiden Freunde kehren in ihre Mülltonne zurück.

»Schau mal, Stinkehund! Ich hab was gefunden.«

»Ein Buch! Oh, da ist ja eine Scheibe Schinken drin. Wollen wir sie uns teilen?«

»Nein, ich will, dass du mir aus dem Buch vorliest.«

Stinkehund würde Platti gerne gestehen, dass man Lesen nicht an einem Tag

lernt. Aber er bringt es nicht übers Herz,
ihn zu enttäuschen. Er räuspert sich und
spuckt dabei eine alte Hörnchennudel
aus, die ihm quer im Hals saß. Und dann
tut er einfach so, als würde er vorlesen:

»Es waren einmal ein Hund und ein Ka-
ter. Sie waren die besten Freunde auf der
ganzen Welt. Der Hund ging zur Schule,
und abends erzählte er seinem Freund
Platti alles, damit auch er lernen konnte,
die Etiketten auf den Katzenfutterdosen
zu lesen.«

»Was für eine schöne Geschichte!

Heißt das, du gehst morgen wieder zur Schule?«, fragt Platti.

»Ich weiß nicht, Platti. Du hast mir sehr gefehlt. Vielleicht sollten wir nach einer gemischten Schule für Stinkehunde und platt gefahrene Katzen suchen.«

»Gute Idee!«

Und so schlafen unsere beiden Freunde ein. Der eine liegt mit dem Kopf auf einer Sardinenbüchse, der andere mit dem Schwanz in einem leeren Glas, das einmal Schmalzfleisch enthielt. Sie träumen von neuen Abenteuern, die sie in der Schule des Lebens erwarten.

Colas Gutman hat das Talent zum Erzählen von seinem Vater geerbt, dem bekannten französischen Kinder- und Jugendbuchautor Claude Gutman. Beim Schreiben achtet Colas Gutman immer besonders darauf, dass er seine Texte selbst lustig findet – so war es natürlich auch, als er sich die Abenteuer des Stinkehundes ausgedacht hat.

Marc Boutavant arbeitet als Illustrator und Grafiker und hat schon zahlreiche Bücher für unterschiedliche Verlage illustriert.

Julia Süßbrich studierte Romanistik und Germanistik in Köln, wo sie seitdem lebt und arbeitet. Seit vielen Jahren befasst sie sich mit Kinder- und Jugendliteratur, schreibt Rezensionen für die Fachzeitschrift *Eselsohr* und übersetzt Kinderbücher aus dem Französischen, Italienischen und Englischen.

Der Stinkehund sucht die lachende Käsekuh

Colas Gutman
Der Stinkehund auf dem Bauernhof
(Band 5)
Gebunden | 88 Seiten
€ 10,– (D) | € 10,30 (A)
ISBN 978-3-96177-036-6

Stinkehund war noch niemals auf dem Land, dabei hätte er große Lust, Hühnern hinterherzujagen und im Matsch zu toben. Außerdem wüsste er gerne, ob die Kuh, die auf den Käseschachteln abgebildet ist, wirklich immer lacht. Und dann führt ihn ein glücklicher Wink des Schicksals tatsächlich auf den Bauernhof!